AF339725

AD MAJOREM GENERIS HUMANI GLORIAM

LE
CALENDRIER CIVIL

PAR

ACHILLE JOLLY∴ DE L'ISÈRE

 NOTICE 

Tu me crois la marée et je suis le déluge

PARIS

IMPRIMERIE DE GEORGES GUILLOIS

3, RUE MADAME, 3

—

1885

POUR PARAITRE EN 1889

LE PANTHÉON UNIVERSEL

COMPLÉMENT

DU CALENDRIER CIVIL

Ouvrage in-4° d'au moins 1000 pages,
illustré des portraits les plus authentiques
des Bienfaiteurs de l'Humanité.

PAR DIVERS

LE
CALENDRIER CIVIL

AD MAJOREM GENERIS HUMANI GLORIAM

LE CALENDRIER CIVIL

PAR

Achille JOLLY.˙. DE L'ISÈRE

NOTICE

Tu me crois la marée et je suis le déluge

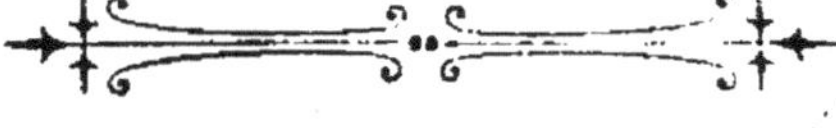

PARIS

IMPRIMERIE DE GEORGES GUILLOIS

3, RUE MADAME, 3

1885

LE CALENDRIER CIVIL

Tu me crois la marée et je suis le déluge!

Le calendrier grégorien, ce démenti suranné et quotidien infligé au sens commun par l'Église romaine avec sa ribambelle de saints et de solennités incohérentes, constitue assurément la plus insupportable des tyrannies, celle de la démence.

Ce grand et si fécond XIXe siècle, le siècle de

ictor Hugo, subira-t-il jusqu'à son dernier jour ce
)thique stigmate de notre servitude?

Le sinistre propos de Bismarck à Emile de Girar-
n, condamnant les nations dites latines à une dis-
rition fatale, serait-il justifié?

Et cet évêque outrecuidant, qui prétend que nous
mmes à jamais rivés à son Église de par son alma-
ch, aurait-il raison?

Alors que nous laïcisons l'école, le régiment, l'hos-
ce, conserverons-nous **ce vrai répertoire du
ensonge, du charlatanisme et de la du-
erie,** — et ne substituerons-nous pas — **à ces
isions de l'ignorance, les réalités de la
aison ; et au prestige sacerdotal, la vé-
ité de la nature ?** (Rapport de Fabre d'Eglantine
la Convention ; séance du 6 octobre 1793.)

Aujourd'hui plus qu'alors, la laïcisation réelle,
mplète, de la société civile s'impose, et plus que
mais il convient de la tirer de l'ornière d'une reli-
ion caduque qui n'a plus d'autres adeptes que les
thées qui s'en font des rentes ; dont le clergé, même
vré du budget de cultes, ne peut être que domina-

teur ou hostile ; la prétendue révélation qu'il enseigne et la vérité scientifique étant deux doctrines antipodes, entre lesquelles il ne peut y avoir ni compromission ni même neutralité. Cause de troubles perpétuels et de démoralisation publique indigne d'un État républicain qui ne peut, sans manquer à la probité la plus élémentaire, salarier l'instituteur pour enseigner les vérités démontrées et le curé pour les contredire et les maudire ; ni rendre l'instruction obligatoire et conserver officiellement des fêtes dérivées de l'absurde comme *résurrection, ascension, assomption*, etc.

La Convention, en substituant le calendrier républicain de Fabre d'Églantine au calendrier grégorien, négligea les rapports inéluctables de l'homme avec la nature. Faire commencer l'année le 22 septembre en mémoire d'un fait purement humain, enchérir sur la semaine déjà trop longue par une décade interminable, numéroter les jours comme lits d'hôpital, les affubler d'une nomenclature de plantes, instruments et animaux domestiques, et placer, comme traînards à la queue du régiment, les cinq jours réfractaires à la symétrie décimale, sous l'épithète risquée de sans-culottides, sont les puerilités saugrenues qui firent sombrer le calendrier républicain, bien plus que le décret du 22 fructidor an XIII, qui le supprima alors qu'il était déjà virtuellement aboli; aussi personne n'osera-t-il en proposer sérieusement l'exhumation et, comme les habits de cette époque d'exagérations, n'est-il plus mettable.

Un calendrier rationnel est donc à faire. Mais si l'on ne détruit bien que ce que l'on remplace, c'est à la condition de satisfaire les générations futures autant que la présente, en ne bâtissant que sur le roc de l'immuable réalité,

Que les religions ne font ni ne défont.

Pour mieux secouer la torpeur routinière qui est l'obstacle le plus formidable que connaisse le progrès, nous lui céderons sur certains détails insignifiants; mais, pour renverser l'éteignoir papal et ramener le calendrier au niveau de la foi nouvelle, nous lançons résolument notre torpille sous l'œuvre hybride et vermoulue des tyrans; et si nous sommes compris, le calendrier grégorien destitué, allant rejoindre les vieilles lunes, l'hyperbolique barque de saint Pierre, désorientée et désemparée, prendra rang parmi les diverses sectes religieuses qui divisent les hommes, où chacun est libre de s'enrôler sans nuire à la liberté d'aucun; le nouveau comput annihilant ses fêtes dogmatiques au profit de la raison et de la paix sociale.

Tel est le but du calendrier que nous soumettons à l'appréciation des hommes libres, pour qui l'humanité est au-dessus de toutes les théologies; convaincu de l'insuffisance de toutes les autres mesures anticléricales proposées (*voir la lettre d'Egard Quinet à M. Chadal, p. 29*), si elles ne sont complétées par celle plus tangible que nous indiquons, de l'avis des hommes sincères et pratiques.

L'année est divisée en quatre saisons, inaugurées chacune par une fête familiale dont le soleil est l'ordonnateur; ce jour, placé comme en frontispice, est hors série et ne compte pas plus dans le mois commençant que dans le mois finissant. L'année, assimilée à la vie humaine dans ses rapports avec la terre nourricière comptera donc quatre fêtes, savoir : Enfance, *germe;* Jeunesse, *fleur;* Virilité, *fruit;* Vieillesse, *récolte.* Fêtes antéhistoriques, révélées par la nature, célébrées dès l'aurore des civilisations sous divers vocables et sournoisement confisquées, dénaturées et adaptées par l'Église, au profit de sa légende, sous les noms: de Noël, Pâques, Fête-Dieu et Toussaint.

A ces quatre fêtes nous ajouterons la Fête Nationale, fête de la Liberté, mère de toutes les vertus, et nous aurons casé utilement et glorieusement ces jours récalcitrants qui font des mois inégaux et le

sespoir des esprits rectilignes qui voudraient voir
s étoiles plantées en quinconce.

Tous les quatre ans, nous aurons un jour complé-
entaire, auquel il convient d'assigner sa place et sa
nction. Nous le ferons suivre immédiatement la fête
 la Liberté et nous en ferons la **Fête de la Loi**.
 jour bissextile sera consacré à l'expression libre,
llective ou individuelle des citoyens, formulée par
rit, des modifications jugées nécessaires où utiles,
faire subir au pacte social pour le bien du Pays et le
rfectionnement de ses institutions. Compulsés, ces
hiers, véritables désiderata de la démocratie sou-
raine, en affirmant la responsabilité individuelle,
nneront la vraie mesure de l'opinion publique,
iideront les gouvernants et éviteront les cahots po-
iques en faisant de la loi, l'œuvre de tous.

Ainsi agencée, l'année aura douze mois de trente
urs; et comme la semaine de sept jours est mani-
stement trop longue, coupée en deux, pour les
oles, par le repos du jeudi et raccourcie par diverses
tégories de citoyens qui ont fait du lundi le prolon-
ement du dimanche; que d'ailleurs le nombre sept
est le diviseur d'aucune des périodes en cause; que
pitoyable conte de la création de l'univers en six
is vingt-quatre heures a rejoint les autres contes

bleus ; nous subdiviserons le mois de trente jours en cinq semaines de six jours, dont cinq ouvrables et le sixième férié, ainsi concordera l'hygiène avec la décimalité. L'année comptera alors trois cents jours de travail et soixante de repos, fêtes exceptées.

Afin de ne pas heurter l'antique usage et ne trouvant aucun avantage de débaptiser les jours, que leurs noms procèdent de la mythologie ou de l'astrologie, nous continuerons de les désigner par *Mardi, Mercredi, Jeudi, Vendredi, Samedi* et *Dimanche;* noms qui valent bien primidi, duodi, tridi, etc., laissant de côté le *lundi,* jour de la lune qui n'est qu'un satellite, c'est-à-dire un astre subalterne.

Pour la dénomination des mois, nous n'en saurions trouver de plus heureuse, sous tous les rapports, que celle du calendrier de Fabre d'Églantine, ce sera donc pour l'Hiver : *Nivôse, Pluviôse, Ventôse;* pour le Printemps : *Germinal, Floréal, Prairial;* pour l'Été : *Messidor, Thermidor, Fructidor;* et pour l'Automne : *Vendémiaire, Brumaire, Frimaire.*

L'année commence évidemment au moment où le soleil reprend sa marche ascendante vers notre méridien. Quels que soient les motifs ou les faits qui ont pu prévaloir dans un temps ou dans un autre, ils doivent céder et s'effacer devant cet inexorable **ultima ratio.** Le 21 décembre, jour qui cinq fois

ar sept voit s'accomplir le solstice, sera donc le pre-
mier degré du cercle annal, que nous divisons ainsi :

HIVER, 21 Décembre

ÊTE DE L'ENFANCE ET DE L'AGRICULTURE   1
Nivôse, du 22 décembre au 20 janvier.. 30
Pluviôse, du 21 janvier au 19 février. 30
Ventôse, du 20 février au 21 mars. 30

PRINTEMPS, 22 Mars

ÊTE DE LA JEUNESSE, LETTRES, BEAUX-ARTS   1
Germinal, du 23 mars au 21 avril. 30
Floréal, du 22 avril au 21 mai. 30
Prairial, du 22 mai au 20 juin. 30

ÉTÉ, 21 Juin

ÊTE DE LA VIRILITÉ ET DE L'INDUSTRIE   1
Messidor, du 22 juin au 22 juillet. 30
Coupé à son vingt-deuxième jour par la
FÊTE DE LA LIBERTÉ (14 juillet). . . . 1
Thermidor, du 23 juillet au 21 août. 30
Fructidor, du 22 août au 20 septembre. . . . 30

AUTOMNE, 21 Septembre

ÊTE DE LA VIEILLESSE ET DU COMMERCE   1
Vendémiaire, du 22 septembre au 21 octobre. . 30
Brumaire, du 22 octobre au 20 novembre. . . 30
Frimaire, du 21 novembre au 20 décembre. . 30

Ensemble. 365

Ainsi, d'accord avec la nature qui l'a dicté, ce Calendrier sera invariable; les jours, les dimanches, les fêtes, se succèderont toujours dans le même ordre, ainsi qu'il est démontré par ce tableau :

MARDI. . . .	1	7	13	19	25
MERCREDI. .	2	8	14	20	26
JEUDI.	3	9	15	21	27
VENDREDI. .	4	10	16	22	28
SAMEDI. . .	5	11	17	23	29
DIMANCHE. .	6	12	18	24	30

Quant à bouleverser l'ordre chronologique des siècles en reprenant l'ère républicaine interrompue, nous y voyons beaucoup plus d'inconvénients que d'avantages. Un fait, quelque important qu'il soit pour une nation, n'est jamais qu'un fait particulier à l'histoire de cette nation et ne peut être raison prépondérante pour renverser l'ordre acquis et commun à plusieurs peuples; ce serait ajouter gratuitement une cause d'isolement à celles déjà trop nombreuses, ou tout au moins apporter une complication de plus dans les relations extérieures déjà empêtrées dans la

ersité des langues, mesures et monnaies; d'au-
t moins justifiée que l'ère qui a pour point de dé-
t la naissance du citoyen Jésus, l'apôtre de l'Éga-
, sert de point de repère à toute l'histoire, a l'avan-
e de l'habitude et peut être considérée comme
si républicaine que toute autre. Sans préjudice
rtant à l'ère nouvelle qui se prépare et que nous
endons avec foi :

La République universelle,
Qui n'est encor qu'une étincelle,
Mais demain sera le Soleil.

Si à chaque jour suffit sa peine, à chaque jour aussi
umière. Nous remplacerons dans le Calendrier cette
le de canonisés, fétiches obscurs ou apocryphes du
holicisme et la bucolique de la Convention par la
nmémoration quotidienne de la mort d'un homme
stre dans le bien, que ses œuvres recommandent
reconnaissance et au respect des vivants; l'homme
le enfin, dont l'histoire doit être vulgarisée et don-
en exemple à la jeunesse, afin de lui inspirer
nour de l'humanité, le goût du travail et de la
tu.

Par ce moyen, non seulement nous faisons du calendrier un instrument de moralité et une méthode d'histoire dont le mérite n'échappera à personne, mais encore le **Panthéon universel**, véritable livre d'or du genre humain ; stimulant qui laisse derrière lui toutes les distinctions nées ou à naître, inaccessible aux potentats comme aux intriguants.

Cet ouvrage, dont nous préparons les matériaux avec tous les soins imaginables, sera le complément du **Calendrier civil** et formera un beau volume in-4° d'au moins 1000 pages, illustré des portraits les plus authentiques, avec notice exacte de la vie des hommes qui se sont recommandés à l'admiration générale.

En attendant que l'usage ait acquis force de loi ou que la loi en force l'usage, notre Calendrier sera édité simultanément avec le calendrier grégorien, afin d'en établir la concordance et en faciliter la pratique.

DES FÊTES

tablir le culte de l'humanité sur les ruines du
nsonge et rendre à la nature l'hommage de la rai-
, tel est notre objectif.

es fêtes, sans compter leur influence morale, sont
ispensables à la société, aux arts, à l'industrie, au
nmerce, qui y trouvent émulation et profit; et
que la réjouissance publique, affranchie de tous
s religieux ou dogmatiques, n'aura plus que la
ure pour évangile, elle sera d'autant plus expan-
e que tous pourront y participer en toute sécurité
conscience. Les splendeurs du 14 Juillet, quoique
e politique, en sont la preuve irréfutable; compa-
s aux froides et prétentieuses solennités des fêtes
holiques excluant forcément les dissidents ou
angers à cette croyance. N'y aura-t-il pas toujours
p d'exclus des joies publiques par la douleur, la
ladie ou la misère!

HIVER
FÊTE DE L'ENFANCE ET DE L'AGRICULTURE

La terre est en gestation et le cultivateur au repos caves et greniers répondent du pain quotidien pou l'année qui vient de naître. *Nunc est bibendum!*

Que les prémices de l'année soient aux prémice: de l'humanité, l'enfant.

Genève nous donne l'exemple de cette charmante fête où l'enfant apporte son ineffable écot de douce: et salutaires sensations. Tout y est joie et caresses cadeaux de jouets, banquet de friandises et sauteri générale à la commune.

Et puisqu'il est question de l'Enfant qu'il nous soi permis de placer ici la revendication de son droit au libre arbitre et de faire un vigoureux appel au: honnêtes gens pour faire disparaître cette tyrannie cette insanité, ce viol de l'âme perpétré sur un êtr humain inconscient et sans défense, le baptême catholique avec le protecteur imaginaire choisi pa les complices dans le répertoire grégorien; mais que cette fête intime du foyer que les catholiques se souhaitent sous le vocable d'une fiction, soit maintenue en la reportant à cette réalité, l'anniversaire de la naissance.

PRINTEMPS

ꞮTE DE LA JEUNESSE, LETTRES, BEAUX-ARTS

Le soleil vainqueur entr'ouvre la terre, la frondai-
n se prépare, les fleurs apparaissent, les oiseaux
oclament le renouveau ; vive la jeunesse, *Primavera
lla vita !*

Outre les fêtes générales, la famille a ses solennités
rticulières marquant les quatre points cardinaux
l'existence humaine :

La naissance, nord de la vie ;

L'adolescence, levant de la raison ;

Le mariage, midi du devoir ;

La mort, couchant du citoyen.

Frapper l'imagination impressionnable de l'adoles-
ıt par une imposante cérémonie d'initiation aux
rtus civiques, c'est en souligner l'importance et
ıdre le devoir plus sacré. C'est pourquoi nous pla-
ns ici cette première communion dans la vie so-
le, à laquelle la société entière est intéressée.
A la suite d'un interrogatoire sur les droits et de-
irs du citoyen, le garçon à quatorze ans et la fille

à douze seront admis dans les rangs de la jeunesse à qui ce jour est consacré.

Gymnastique, chants, danses, concours et jeux de tous genres sont au programme, la gaieté est de rigueur.

ÉTÉ

FÊTE DE LA VIRILITÉ ET DE L'INDUSTRIE

La vie est à son paroxysme. Tout est parfum ou musique. Le laboureur féconde de sa sueur le sillon en rut. Les foins sont fanés et la moisson s'avance; travailleurs, halte! c'est la grande fête de la divinité humaine, du travail créateur.

La journée commence par une visite aux malheureux privés de la saine consolation du travail, et les déshérités auront leur part. Puis, dans un banquet fraternel, les peines et les espérances seront échangées, la femme y apportera son gracieux entrain et toute la famille humaine y trouvera son compte.

LIBERTÉ

FÊTE NATIONALE

Cette fête superbe, où l'amour de la Justice et de la atrie qui caractérise le peuple français, éclate en llégresse si intense, est la meilleure des cautions ue nous puissions invoquer pour assurer le succès es quatre fêtes initiales des saisons.

Pour la *Fête de la Loi*, qui suivra dans les années issextiles, nous ne pouvons autrement en démon-er l'importance, qu'en répétant qu'elle sera le meil-ur agent du progrès dans l'ordre et la paix.

AUTOMNE

ÊTE DE LA VIEILLESSE ET DU COMMERCE

L'année s'achève, les fleurs se font rares, les oiseaux 'ont plus de voix ; encore quelques rares beaux jours pour achever la récolte, et tout rentrera dans l'apparente mais laborieuse inertie.

L'homme éprouve la satisfaction du devoir accompli ; entouré des siens, il récapitule ses labeurs, compare et juge ce qu'il aurait pu faire par ce qu'il a fait. Et c'est ainsi que le progrès chemine.

C'est pourquoi l'homme arrivé à l'automne de la vie, le vieillard dont l'expérience a guidé et a plus d'une fois relevé les courages devant l'insuccès, l'aïeul vénéré aura son jour de sereine satisfaction, où tous, enfants et petits-enfants, neveux ou nièces, lui prodigueront les témoignages d'affection et de respect.

Mais que nul ne prenne place au banquet, s'il n'a préalablement visité les tombes des morts qui lui furent chers, car là aussi, il y a devoir, consolation et force ; puisque là sont les racines sacrées de la Patrie, dont le culte des ancêtres est la tige, l'amour du sol natal la fleur, et le dévouement le fruit.

Nous terminerons ce court exposé, en avisant nos lecteurs judicieux que toutes observations, modifications ou rectifications jugées utiles au succès du Calendrier, seront reçues avec reconnaissance et considération. Le progrès, étant à tous, ne peut être le fait d'un seul.

Nous ne saurions trop recommander aux médi-
tions des libres-penseurs la lettre d'Edgar
inet à M. Chadal, que nous copions dans le
me II des **LETTRES D'EXIL**

« Vous avez cent fois raison de vous tant préocu-
per de la question religieuse. C'est une des fautes
de la démocratie française d'avoir si mal jugé ce
principe de tout ; elle paie aujourd hui sa légèreté
d'un esclavage sans bornes. Vous craignez les
prêtres, disait Robespierre, *et ils abdiquent !* soixante
et dix ans de servitude ont répondu à cette belle
prophétie. Avouons que sur le fond des choses, la
Révolution française a été mal orientée.

« Puisque nous n'avons pas eu la force nécessaire
pour échapper au Moyen-Age, il est bien certain qu'il
ne reste plus que la séparation de l'Église et de
l'Etat, pauvre moyen que nous appellerons du nom
de Liberté, mais qui laissera subsister le fonds

« toujours menaçant et inépuisable de la servitude.
« Au reste, quoi que vous fassiez, n'oubliez, pas que
« le catholicisme vous en haïra davantage. Vous lui
« ôterez le budget, il vous accusera de l'avoir volé.

«. Puisque nous n'avons pas été assez forts pour
« dompter ce passé monstrueux, il est très raison-
« nable de lui couper les griffes. Cela vous donnera
« peut-être quelque répit, en attendant qu'elles re-
« poussent, et j'approuve fort ce moyen. Je l'ai tou-
« jours soutenu, sans avoir la moindre illusion sur
« ses résultats. Otez au clergé le budget et appelez
« cela Liberté ; rien de mieux. Mais préparez-vous
« à des débordements de haines et de calomnies.
« Les terroristes de 93 passeront pour des agneaux
« en comparaison de ceux qui toucheront à la bourse
« des saints. Une vieille religion, accoutumée à la
« toute-puissance, ne peut pardonner à quiconque
« veut la traiter sur un pied d'égalité. Ne perdez ja-
« mais de vue ceci : La liberté pour elle, c'est d'exer-
« cer la domination absolue : Elle se déclare esclave
« dès qu'elle n'est plus maîtresse. Si vous ne tenez
« pas compte de cet esprit, vous vous exposez à
« d'infinis déboires. Vous tomberez dans mille em-
« bûches.

« La fameuse formule de M. de Cavour : *l'Eglise
« libre dans l'Etat libre*, est très bonne comme moyen

et stratagème de guerre ; c'est un langage diplomatique qui répond très bien aux scrupules de la diplomatie ; c'est un artifice de d'scussion que l'on ne peut trop louer ; mais si vous le voulez réaliser, et si vous le traduisez dans le langage de l'Église, au moins là où elle est accoutumée à régner, cela veut dire : Le pouvoir absolu dans l'Etat libre. Quoi que vous fassiez, quoi que vous tentiez, n'oubliez pas un seul instant que le catholicisme est votre ennemi, qu'il ne peut pas être autre chose ! Il en est de ce Moyen-Age comme de la peste, on peut avoir toute sorte de système à son égard. Mais il ne faut jamais oublier que la peste est la peste. »

Cette lettre étincelante de vérité donne la vraie mesure de l'obstacle à vaincre et prouve que ce n'est pas seulement du budget qu'il faut évincer le curé, mais de la coutume, des mœurs, de la vie sociale. Or, ne serait-ce que par la suppression de la semaine de sept jours, que ceux qui désirent sérieusement l'affranchissement réel, définitif de l'État, trouveront dans le nouveau Calendrier le facteur le plus logique de ce grand résultat.

LIGUE DU CALENDRIER

PRÉAMBULE

Depuis Rabelais, sans remonter plus haut, on a assez parlé et écrit contre la pieuvre romaine, puissance réelle, entité formidable, qui n'a pourtant d'autres racines que l'ignorance et la crainte.

Il est temps d'en finir avec ce legs d'un autre âge, en le plaçant tout simplement au grand jour de la liberté et de la légalité.

La société actuelle se doit à elle-même de rompre des liens qui la déshonorent, d'éteindre officiellement cette torche fumeuse du fanatisme que le naïf prend pour un flambeau, et le despote pour une arme.

Il est du devoir de notre civilisation d'extirper le préjugé et de faire prévaloir la raison sur la superstition.

Que, dans ce but, tous les hommes de bien se liguent résolument et déclarent une guerre sans merci à l'ennemi du genre humain; afin que notre génération puisse paraître le front haut et le cœur soulagé devant cette grande date qui s'approche, le centenaire de 1789.

Bien plus, que la privation des deniers budgétaires à un
ergé dont les richesses dépassent celles d'un État, la sub-
itution d'un Calendrier rationnel au calendrier catholique
ra le divorce moral, réel de la société moderne avec l'or-
ueilleuse Sodome.

Pour obtenir ce résultat, il suffit de le vouloir, pour le
ouvoir, il suffit de grouper les volontés éparses en un fais-
au sérieux et obstiné.

Aux libres-penseurs appartient ce rôle émancipateur ; et
our sortir du vague des convictions stériles et des plato-
iques intentions dont se rit notre puissant adversaire, vous
éclarerez fondée la Ligue du Calendrier, dont le projet de
tatuts vous est soumis.

STATUTS

ARTICLE PREMIER.

La Ligue du Calendrier est formée de tous les libres-
enseurs des pays où le calendrier grégorien est en usage.

ART. 2.

Dès que la Ligue comptera cent adhérents, il sera formé,

à Paris, un Congrès fondateur, où le Calendrier civil proposé par le citoyen Jolly sera examiné, approuvé, amendé ou rejeté par l'adoption d'un projet préférable.

ART. 3.

Le Congrès désignera dix membres pour former le Conseil d'administration, un secrétaire général, un trésorier et deux censeurs pour veiller à l'emploi des finances.

ART. 4.

Les frais de propagande, impression, publicité et correspondance seront couverts par les dons volontaires de chaque adhérent; ces cotisations ne sont fixées que par le degré d'intérêt que le ligueur attache à la cause du progrès dans la mesure de ses moyens pécuniers. Les dons anonymes seront inscrits au compte X.

ART. 5.

Tout ligueur cotisant recevra, sitôt l'impression achevée, un exemplaire du Calendrier civil et la Notice qui en éclaire la substance, afin qu'il puisse en préparer l'adoption et répandre autour de lui la doctrineb umanitaire qui l'a inspiré selon sa devise : **Ad majorem generis humani gloriam**.

Art. 6.

Tout ligueur s'engage implicitement à combattre l'odieuse et tyrannique coutume du baptême, pratiqué au mépris du libre arbitre sur un enfant de moins de quinze ans.

Art. 7.

La Ligue est formée pour la durée des quatre années qui nous séparent du centenaire de 1789. Ce-jour-là, tout ligueur dont les cotisations auront atteint le minimum de dix francs, aura droit à un exemplaire du **Panthéon universel**, *complément du Calendrier civil, et une médaille en bronze, du module d'une pièce de cinq francs, frappée à la Monnaie aux coins de la Ligue.*

Pour le Comité d'initiative :

Le Secrétaire,
ACHILLE JOLLY.·. DE L'ISÈRE.

1238 — Paris. — Imp. Georges GUILLOIS 3, rue Madame.

POUR PARAITRE EN 1889

E PANTHÉON UNIVERSEL

COMPLÉMENT

DU CALENDRIER CIVIL

Ouvrage in-4° d'au moins 1000 pages,
lustré des portraits les plus authentiques
des Bienfaiteurs de l'Humanité.

PAR DIVERS